LETTRES DE

DECLARATION DV ROY portant permission aux Hostelliers, Taverniers & Cabaretiers de la ville & faux-bourgs de Paris, de vendre & fournir à leurs hostes & autres passants, de la viande, tant rostie que boullie, & d'aller au marché achepter des volailles pour boul-lir.

Pour Catherine Niuerd, veufue de Claude de Monstr'œil, Libraire, en la cour du Palais, au nom de Iesus.

1604.

LETTRES DE DECLARATION du Roy, portant permission aux Hostelliers, Tauerniers & Cabarettiers de la ville & Fauxbourgs de Paris de vendre & fournir à leurs hostes & autres passans, de la viande tant rostie que boullie, & d'aller au marché achepter des volailles pour boullir.

HENRY par la grace de Dieu Roy de France & de Nauarre, A tous ceux qui ces presentes lettres verront, Salut. Nos chers & bien amez les Cabarettiers & Tauerniers de nostre bonne ville & faux-bourgs de Paris, nous ont faict remonstrer, qu'aians esté contraincts par plusieurs Edicts de prendre lettres & pouuoir pour tenir cabarets & tauernes, à charge onereuse, tant pour les sommes de deniers qu'ils en ont payees, que pour estre contraincts par la police de nostredite ville de Paris de tenir leurs cabarets ouuerts garnis de vins de plusieurs prix pour toutes sortes de gens, & en toutes saisons: Pourquoy les recompenser & recognoistre de tant de peine qu'ils ont pour le public; nos predecesseurs Roys leur auroient permis mesmes en l'annee mil cinq cents soixante-dix-sept de receuoir les passants & leur donner pain, vin, veau, mouton, porc, tant boully que rosty, volailles boullies, auec les poulles & pigeons rostis: Laquelle ordonnance auroit esté verifiee en nostre Cour de Parlement, & les exposans iouy d'icelle iusques à present, que par vn reiglement nouueau faict en l'assemblee de la police, brigué par les Rotisseurs de ladite ville, a esté defendu à iceux exposans faire cuire en leurs maisons aucunes volailles, & en donner aux passants leurs hostes, rosties ou boullies, qui seroit contreuenir à ladicte Ordonnance de soixante dixsept, & à nostre intention, qui a tousiours esté de maintenir nos subiects en plaine liberté, portee par nostredict Edict verifié en nostre Cour de Parlement. De l'aduis de nostre Conseil auons dit, declaré & ordonné, disons, declarons, voulons, & nous plaist, que lesdits Cabarettiers & Tauerniers puissent & leur soit loisible de traicter leurs hostes & autres personnes, & leur bailler bœuf, mouton, veau, porc, poullets & chappons bouillis & rostis, ce que d'abondant nous leur auons permis & permettons: Mesmes d'achepter au marché aux heures permises lesdictes viandes tout ainsi que font lesdits Rostisseurs: A la charge toutesfois que lesdits Cabarettiers seront tenus prendre la viande à larder desdits Rotisseurs, sans qu'ils en puissent emploier d'autres rostie & lardee qu'il ne l'aient prise d'iceux Rotisseurs. SI DONNONS en mandement au Preuost de Paris ou son Lieutenant Ciuil, que du contenu cy dessus ils facent, souffrent & laissent iouïr & vser lesdits exposans plainement & paisiblemẽt, sans s'arrester aux oppositions qui pourroient estre sur ce faictes de la part desdicts Rotisseurs, & nonobstant icelles sans toutesfois deroger à leurs priuileges & statuts de leur mestier & autres choses cy-deuant permises par ledit Edict de soixante dixsept, esquels nous entendons iceux Cabarettiers estre tenus, & punis s'ils y contreuiennent, selon la rigueur de nos ordonnances: faisans iceux Cabarettiers iouïr du contenu en la presente declaration, nonobstant aussi tous autres Edicts & reiglements de pollices, depuis interuenus, ausquels nous auons derogé & derogeons par ces presentes signees de nostre main pour ce regard tant seulement, lesquelles nous vous ordonnõs tres-expressement de verifier purement & simplement, nonobstant comme dessus: Car tel est nostre plaisir: En tesmoin dequoy nous auons faict mettre nostre seel à cesdites presentes, donnees à Paris le vingt-septiesme iour de Decembre, l'an de grace mil six cẽts vn. Et de nostre regne le treiziesme.

Ainsi signé,

HENRY.

Et sur ledit reply, par le Roy,

FORGET.

Et seellé du grand seel de cire jaulne à simple queuë.

Et sur le reply est escrit,

Ces presentes ont esté enregistrees au neufiesme vollume des bannieres, registre ordinaire du Chastellet de Paris, Ce requerant le Procureur du Roy audit Chastelet, pour y auoir recours quand besoin sera. Ce fut faict & registré audit Chastelet, le Vendredy trente vniesme & dernier iour d'Octobre, l'an mil six cents & trois. Ainsi signé

REMY.

SENTENCE DV PREVOST *de Paris, portant enregiſtrement de ladite* Declaration.

A TOVS ceux qui ces preſentes lettres verront, Iacques d'Aumont, Cheuallier, Baron de Chappes, ſieur de Dun, le Palteau, Conſeiller du Roy, Gentil-homme ordinaire de ſa Chambre, & Garde de la Preuoſté de Paris, ſalut, Sçauoir faiſons, que Veu les Lettres de Declaration du Roy à nous addreſſantes, donnees à Paris le vingt-ſeptieſme iour de Decembre mil ſix cents & vn, ſignees Henry, Et ſur le reply, Par le Roy, Forget: Et ſeellees du grand ſeel de cire iaune, Obtenuës par les Tauerniers & Cabaretiers de ceſte ville & faulxbourgs de Paris, par leſquelles & pour les cauſes y contenuës, & conformement à l'Edict de l'an mil cinq cens ſoixante & dixſept veriffié en la Cour de Parlement, le quatrieſme Iuillet audict an, ſa Maieſté auroit declaré & ordonné que leſdicts Cabaretiers & Tauerniers pourroient & leur ſeroit loiſible de traicter leurs hoſtes & autres perſonnes, & leur bailler bœuf, mouton, veau, porc, poullets, & chappons boullis & rostis, mesmes d'achepter aux marchez aux heures permises lesdictes viandes, tout ainsi que font lesdicts Rostisseurs de ceste ville de Paris : à la charge toutesfois que lesdits Cabaretiers seront tenus de prẽdre la viande à larder desdits Rotisseurs: sans qu'il en puissẽt emploier d'autre rostie & lardee, qu'ils ne l'aient prise desdits Rotisseurs. La sentẽce de nous donnee le xviij. iour de May mil six cents deux, entre lesdicts Cabaretiers & Tauerniers demandeurs à l'enterinement desdites lettres, & les Iurez Rostisseurs de cestedicte ville deffendeurs & opposans : par laquelle iceux Cabaretiers auroient esté deboutez de l'enterinement d'icelles. Autres lettres patentes dudict Seigneur en forme de iussion donnees à Paris le vingt troisiesme Iuin mil six cens deux, signees Henry, & sur le reply, par le Roy, Forget: & seellees du grand seel sur double queuë de cire jaune, Par lesquelles pour les causes aussi y contenuës, nous est mandé & enioinct que sans plus nous arrester aux oppositions qui pourroient interuenir, nous eussions à verifier purement & simplement lesdites lettres de declaration, & faire iouyr lesdicts impetrans du contenu en icelles. L'Arrest du Conseil priué du

Roy

Roy du sixiesme iour d'Aoust mil six cents trois, signé, Dreux: Par lequel nous est mandé & tres-expressement enioinct faire iouyr lesdits Cabarettiers & Tauerniers du contenu esdites lettres de Declaration & iussion. Commission sur ledit arrest dudit sixiesme iour d'Aoust audit an, signee, par le Roy en son Conseil, Dreux, & seellee du grand seel de cire jaune, par lesquelles nous est aussi mandé de proceder à l'entherinement desdictes lettres. La sentence de nous donnee sur l'entherinement desdites lettres, le vingt-huictiesme iour d'Aoust dernier, par laquelle eussions ordonné que lesdicts Tauerniers & Cabarettiers de cestedicte ville & fauxbourgs iouyroient de l'effect desdictes lettres, & à eux permis de traicter les passans de boeuf, veau, mouton, porc, poullets, & chappons bouillis & rostis, à la charge de prendre par eux & achepter la viande à rostir & vollailles à boullir desdicts maistres Rostisseurs, pour estre par eux debitee en leurs maisons aux estrangers & passans tant seulement, sans qu'ils peussent receuoir ny traicter les habitans & domiciliez de ceste ville, ne qu'ils puissent aller sur le carreau & place publique achepter gibier & vollailles sur les peines portees par les ordonnances:

& enioinct au premier Commissaire sur ce requis à la premiere requeste qui luy seroit faicte par lesdicts Rostisseurs, les trouuans sur le carreau & marché de les emprisonner actuellement & de faict, pour respondre aux conclusions que voudroit prendre le Procureur du Roy : auec deffences ausdicts Rostisseurs de troubler lesdicts Tauerniers & Cabaretiers en la iouyssance desdictes lettres, saisir ny enleuer la bonne vollaille & marchandise qui se trouueroit leur auoir esté vendue par les Rostisseurs, sur peine de tous despens, dommages & interests, & d'amende enuers le Roy. La coppie des statuts & priuileges desdicts Rostisseurs. Autres lettres patentes de sa Maiesté en forme de iussion, données à Fonteinebleau, le dixhuictiesme iour du present mois d'Octobre, signees par le Roy, vous present De Neufuille, & seellees sur simple queue du grand seel de cire iaune, Par lesquelles il nous est mandé & commandé, & tres expressement enioinct, sans attendre de sa Maiesté autre ny plus expres commandement, sur tant que nous desirons luy obeir & complaire, que toutes affaires cessãtes, & sans vser d'aucune lõgueur ny remise, Nous ayons à faire enregistrer lesdites lettres de declaratiõ desſus dattees, conformément audict arreſt du Conſeil, & de l'effect & contenu d'icelles iouir & vſer plainement & paiſiblement leſdicts Tauerniers & Cabaretiers puremēt, & ſimplement, ſans y apporter aucune reſtrinction ny modification en quelque ſorte & maniere que ce ſoit. Veu auſſi les concluſions dudict Procureur du Roy, auquel le tout a eſté monſtré & communiqué, NOVS ayant eſgard auſdites lettres de declaration, premiere iuſſion, arreſt du Conſeil priué, & ſeconde iuſſion cydeſſus dattees, Ordonnōs que leſdits Tauerniers & Cabaretiers de ceſte ville & fauxbourgs de Paris iouirōt de l'effect deſdictes lettres de declaration du vingt-ſeptieſme Decembre, mil ſix cens vn, aux charges & conditions portees par icelles: leſquels Cabaretiers & Tauerniers ne pourront expoſer en vente la viande roſtie & lardee, ſi elle n'a eſté acheptee par eux des Roſtiſſeurs, ſuiuant leſdictes lettres. Et pour ceſt effect auons permis & permettons auſdits Iurez Roſtiſſeurs, aſſiſtez d'vn Commiſſaire, de viſiter les maiſons & tauernes deſdicts Tauerniers & Cabaretiers, leſquels ſe trouuans ſaiſis deſdictes viandes lardees seront tenus de nommer par nom & ſurnom les Roſtiſſeurs qui leur auront vendues, à peine d'amende arbitraire : Lesquelles lettres de declaration, arrest du Conseil, & iussions seront registrees és registres des banieres dudict Chastellet, pour y auoir reçours quand besoin sera : & sera l'ordonnance de la police renouuellee & de nouueau publiee, portant deffences tant ausdicts Rostisseurs, Tauerniers & Cabaretiers d'achepter ny faire achepter par eux, leurs femmes, seruiteurs, ou personnes interposees, aucunes viandes aux marchez, sinon aux heures portees par ladicte ordonnance de la police, à peine d'amende arbitraire : Et outre sont faictes deffences ausdicts Tauerniers & Cabaretiers d'asseoir les bourgeois & habitans de ceste ville, & leur bailler pain, vin, ny viande, sur les mesmes peines que dessus. En tesmoing de ce, nous auons faict mettre à ces presentes le seel de ladite Preuosté & Vicomté de Paris. Ce fut faict par Noble homme Maistre Anthoine Ferrand, Conseiller du Roy & Lieutenant particulier de ladicte Preuosté & Vicomté de Paris, le Mercredy vingt-neufiesme iour d'Octobre, l'an mil six cents & trois. Ainsi signé, DROVART & HOVDET. Et plus bas est escrit,

La presente sentence de verification a esté registree

au neufiesme volume des bannieres, registre ordinaire du Chastellet de Paris, ce requerant le Procureur du Roy audit Chastellet, pour y auoir recours quand besoin sera. Ce fut faict & registré audict Chastellet le Vendredy trente-vniesme iour d'Octobre, mil six cents trois. Ainsi signé, REMY.

ARREST DV CONSEIL priué, portant confirmation de ladicte sentence.

EXTRAICT DES REGISTRES DV Conseil priué du Roy.

ENtre les marchans Tauerniers, & Cabarettiers de la ville & faux-bourgs de Paris, demandeurs en Requeste du troisiesme Decembre mil six cents trois, & les Maistres jurez Rotisseurs de ladite ville & faux-bourgs defendeurs, d'autre. VEV par le Roy en son Conseil ladicte Requeste du troisiesme Decembre mil six cents trois, tendant à ce que sans auoir esgard à l'appellation interiectee par lesdits deffendeurs au Parlement de Paris, de la sentence donnee par le Preuost de Paris le vingt-neufiesme Octobre mil six cents trois, & à ce qui en est ensuiuy, Il soit ordonné, que conformement à l'Arrest du Conseil du cinquiesme Aoust, mil six cents trois, ils iouiront de l'effect & contenu és lettres de declaration du vingt-septiesme Decembre, mil six cents vn, suiuant ladite sentence laquelle sera mise à deuë & entiere execution. L'Edict du mois de Mars de soixante & dixsept, portant deffences de tenir tauernes & cabarets, sans permission du Roy: Par lequel est aussi enioinct aux Hosteliers & Cabarettiers tenir leurs hostelleries, tauernes & cabarets fournis de toutes choses necessaires, suiuant les ordonnances faictes sur le faict de la police, verifié en ladite Cour, le troisiesme Iuillet audict an: declaration sur ledict Edict du vingt-septiesme Decembre, mil six cents vn: Par lesquelles est permis ausdits Tauerniers & Cabaretiers de traicter leurs hostes & autres personnes, en leur baillant viandes rosties & boullies, & icelles achepter aux heures permises, à la charge qu'ils ne pourroient vendre la viande rostie & lardee qu'ils ne l'ayent prise desdits Rotisseurs. La sentence du Preuost de Paris du dixhuictiesme May, mil six cents deux, par laquelle lesdits Cabarettiers ont esté debouttez de l'effect & entherinement desdites lettres de declaration. Lettres de iussion du vingttroisiesme Iuin audit an. Relief d'appel desdits Rotisseurs de l'execution desdites lettres, du vingt-huictiesme dudict mois. L'exploict d'inthimation en ladicte Cour ausdits Cabarettiers du premier Iuillet ensuiuant. Arrest de ladite Cour du quatriesme dudict mois, portant deffences de faire poursuitte ailleurs qu'en ladicte Cour. Arrest du Conseil du 6. Aoust 1603. par lequel sans auoir esgard aux appellatiõs interiectees & a interiecter desdits Rotisseurs: desquelles sa Majesté a retenu la cognoissance: Il est ordonné, que lesdits Tauerniers & Cabarettiers iouiront de l'effet desdites lettres, du vingt septiesme Decembre mil six cents vn; Enjoinct au Preuost de Paris icelles verifier. Sentence dudict Preuost, du vingt-huictiesme Aoust mil six cents trois, sur l'enterinement de ladite iussion: Autres lettres du dixhuictiesme Octobre audit an: Autre sentence dudit Preuost de Paris du vingt-neufiesme dudit mois, par laquelle est ordonné, que lesdits Tauerniers & Cabarettiers iouiront de l'effect desdictes lettres du vingt-septiesme Decembre, aux charges portees par icelles, & qu'ils ne pourront exposer en vente la viande rostie & lardee, si elle n'a esté acheptee par eux desdits Rostisseurs: Et que l'ordonnance de la police sera de nouueau publiee, portant deffences tant ausdits Rotisseurs, Tauerniers que Cabaretiers de faire achepter par eux ou personnes interposees aucune viande aux marchez, sinon aux heures portees par l'ordonnance de la police: & defenses ausdits Cabaretiers & Tauerniers d'asseoir les bourgeois & habitans de la ville, & leur bailler pain, vin, ne viãde, sur les mesmes peines. Relief d'appel de ladite sentence interiecté par lesdits Rostisseurs le huictiesme Nouembre audict an, intimé ausdicts Cabaretiers, le dixiesme dudict mois: Articles extraicts des ordonnances faictes sur la police generale du Royaume, le vingt-cinquiesme Mars, mil cinq cens soixante & sept: Les statuts & ordonnance du mestier de Rostisseur, du mois de Mars, mil cinq cens neuf, à eux accordee par le Roy Louys, verifiee en la Cour: Lettres de confirmation des Roys François premier, Henry second, François second, Henry troisiesme, & du Roy à present regnant, des annees mil cinq cents vingt six, mil cinq cens quarante neuf, mil cinq cents soixante quinze, & mil cinq cents quatre-vingts quatorze, aussi verifiee en la Cour. Sentence dudit

dudit Preuoſt de Paris, du douzieſme Ianuier mil cinq cents cinquante-huict, vingtneufieſme Ianuier mil cinq cents quatrevingts dixſept, douzieſme Nouembre mil cinq cents quatrevingts dixhuict, vingtquatrieſme Nouembre mil cinq cents quatrevingts dixneuf, vingtſixieſme Iuin & ſixieſme Ianuier mil ſix cents, quinzieſme Nouembre mil cinq cents quatrevingts cinq, & neufieſme Ianuier mil ſix cents deux: Par leſquelles deffences ſont faictes à quelques particuliers Tauerniers & Cabaretiers d'entreprendre ſur le meſtier des Roſtiſſeurs, auec condamnation d'amande contre les cõtreuenants. Exploicts de Verdier Sergent des deux & huictieſme Auril mil ſix cents quatre, portãt commandement à quelques vns des vendeurs de vin & Cabarettiers de la ville de Paris y denõmez de paier la ſomme de quarante ſept liures dixſept ſols, pour deſpens taxez au proces d'entre leſdites parties, & la reſponce d'iceux Cabarettiers, qu'ils ne ſçauent que c'eſt dudict proces, & n'ont donné aucune charge. Declaration deſdits Roſtiſſeurs faicte à Nicolas Pollay, Tauernier & Cabarettier, du premier Auril mil ſix cents quatre: Requeſte preſentee au Roy par leſdits Tauerniers & Cabarettiers, le troisiesme May audit an, signiffiee & mise au sac. Arrest du Parlement de Paris, donné entre les Patissiers, Rostisseurs, & Charcutiers de la ville de Senlis. Autre Requeste presentee par lesdicts deffendeurs, le vingt-vniesme May mil six cents quatre, mise au sac, pour en iugeant y auoir esgard. Appointement en droict, escritures & productions desdites parties. Arrest du Conseil, du premier Mars mil six cents quatre, par lequel sans auoir esgard au renuoy requis, le Roy a retenu en sondit Conseil, entant que de besoin, la cognoissance du differend desdites parties: & auparauant y faire droict, ordonné que lesdites lettres & proces serōt communiquez aux gens du Roy du Parlement de Paris, pour donner leur aduis, pour ce faict & rapporté y estre faict droict. Aduis desdits gens du Roy, du vingt-quatriesme dudit mois, par lequel sont d'aduis sous le bon plaisir de sa Maiesté, que lesdictes instances doibuent estre renuoiees en ladicte Cour de Parlement de Paris. Appoinctement en droict, escritures & productiōs desdites parties, & tout ce que par elles a esté produict, ouy le rapport du Commissaire à ce deputé. LE Roy en son Conseil faisant droict sur ladicte Requeste, sans s'arrester à l'appellation interiectee par lesdits Rostisseurs, & releuee en la Cour de Parlement de Paris, ne à ce qui s'en est ensuiuy, A ordonné & ordonne, que lesdits marchans Tauerniers & Cabarettiers iouiront de l'effect & contenu és lettres de declaration du vingt-septiesme Decembre mil six cents vn, suiuant & conformement à la sentence renduë par le Preuost de Paris, le vingt-neufiesme Octobre dernier, sans despens. Faict au Cõseil priué du Roy, tenu à Paris le vingt quatriesme iour de May mil six cens quatre. Ainsi signé, De Baigneaux.

Commission sur ledit Arrest.

HENRY par la grace de Dieu Roy de France & de Nauare, A nostre Huissier ou Sergent premier requis, Salut. Nous te mandons & commandons, que l'Arrest de nostre Conseil priué dont l'extraict est cy attaché, ce iourd'huy donné entre les marchãs Tauerniers, & Cabarettiers de nostre ville & fauxbourgs de Paris, demandeurs en Requeste du troisiesme Decembre mil six cents trois, d'vne part, Et les Maistres iurez Rostisseurs de ladite ville & faux-bourgs deffendeurs d'autre, Tu signiffie ausdits Maistres iurez Rotisseurs & autres qu'il appartiendra, à ce qu'ils n'en pretendent cause d'ignorance, leur faisant de par nous inhibitions & deffences d'y contreuenir, à peine d'amende arbitraire, despens, dommages & interests: De ce faire te donnons pouuoir, sans demander aucun congé, ne pareatis: car tel est nostre plaisir. Donné à Paris le vingtquatriesme iour de May, l'an de grace mil six cens quatre. Et de nostre regne le quinziesme. Ainsi signé, Par le Roy en son Cõseil, De Baigneaux. Et seellee du grand seel de cire jaulne à simple queuë.

Commission pour proceder aux taxes.

HENRY par la grace de Dieu Roy de France & de Nauarre, A nos chers & bien amez Maistres Cardin le Bret nostre Aduocat general en nostre Cour des Aides à Paris, & le Iay nostre Procureur au Chastellet dudit lieu, Salut. Le feu Roy dernier decédé nostre tres-honoré Seigneur & frere, que Dieu absolue, recognoissant l'incommodité que reçoiuent les passants & autres qui voiagent par le pais de Picardie & partie de l'isle de France, lesquels arriuans en leurs hostelleries, cabarets & tauernes ne trouuent en icelles que du pain & du vin, estans contraincts lesdits voyagers & passans enuoyer ou aller eux mesmes chez les Pastissiers & Rostisseurs pour achepter ce dont ils ont besoin pour leurs viures, auroit par lettres patentes du quinziesme iour de Decembre, mil cinq cens quatre vingts vn, & pour les iustes considerations y contenues, permis aux Hosteliers, Cabaretiers & Tauerniers de la Prouince de Picardie & autres lieux de l'Isle de France, de vendre & fournir à leurs hostes & aurres personnes qui voudront prendre leur refection en leurs maisons, de la viande tant rostie que bouillie, selon & ainsi qu'il se faict & obserue par tous les autres lieux & endroicts de ce Royaume: à la charge que pour iouyr par iceux Hostelliers, Tauerniers & Cabaretiers de ladicte permission, ils seront tenus de luy payer quelque finance, moderee selon la taxe qui en seroit faite par les Cõmissaires à cét effect deputez. Ce qu'estant maintenant besoin renouueller pour le bien & commodité de nos subiects, Nous en aurions faict expedier nos lettres de declaration le vingtseptiesme iour d'Octobre, mil six cens deux. Comme aussi nous auriõs cy deuant & dés le vingtseptiesme iour de

Decembre mil ſix cens, vn faict expedier ſemblable declaration & permiſſion à l'inſtance, priere & requeſte qui nous en auroiẽt eſté faictes par les Tauerniers & Cabaretiers de noſtre ville & fauxbourgs de Paris: de l'execution deſquelles nos declarations il eſt à preſent queſtion: Et recognoiſſant que pour cet effect nous ne pourrions faire meilleure ny plus digne eſlection que de vos perſonnes pour vos fidelité, ſuffiſance, & la cognoiſſance que vous auez de ceſt affaire, meſmes pour eſtre par vous deſſuſdict le Bret Commis à la taxe qui nous a eſté & eſt payee par les Hoſtelliers, Tauerniers & Cabaretiers de ce Royaume pour la permiſſiõ que nous leur donnons de faire leſdictes hoſtelleries, cabarets & tauernes, eſtant au faict qui ſe preſente queſtion d'vne pareille choſe, & qui deppend de la function d'vn meſme negoce: Novs vous auons pour ces cauſes & autres conſiderations à ce nous mouuans commis, ordonnez & deputtez, commettons, ordonnons & deputtons par ces preſentes, pour faire entretenir, garder & obſeruer tout ce qui deppend de l'execution de noſdites declarations, proceder fidellement, & en vos conſciences aux taxes que moderément chacun deſdits Hoſteliers,

Tauerniers & Cabaretiers sera tenu de nous payer pour iouyr de ladite permission, dresser roolles & ordonnances desdites taxes qui seront par vous signez. Et par ces mesmes presentes vous auons donné & dõnons pouuoir & puissance de commettre & subdeleguer tels de nos officiers que bon vous semblera és lieux requis & necessaires pour accelerer l'execution de nosdites declarations, de ce faire accomplir & executer vous auons donné & donnons plain pouuoir, authorité & mandement special. Mandons & commãdons à tous nos Iuges, officiers & subiets qu'à vous en ce faisant ils obeyssent. Car tel est nostre plaisir, nonobstãt quelcõques lettres, edicts, reiglemens, & choses à ce cõtraires: ausquelles & aux derogatoires des derogatoires nous auõs derogé & derogeõs par ces presentes. Et pour ce que d'icelles l'on pourra auoir affaire en plusieurs & diuers lieux, Voulons qu'au vidimus d'icelles collationné par vn de nos amez & feaux Conseillers, Notaires & Secretaires, foy soit adioustee cõme au present original. Donné à Paris le vingtdeuxiesme iour de Nouẽbre, l'an de grace mil six cens trois. Et de nostre regne le quinziesme. Signé, par le Roy en son Conseil, Meliand. Et seellé sur simple queuë du grand seel de cire jaune.

AVTRE COMMISSION PORTANT attribution des differends qui pourront interuenir, auec interdiction à tous Iuges.

HENRY par la grace de Dieu Roy de France & de Nauarre, A nos amez & feaux Cõseillers, Maistre Cardin le Bret nostre Aduocat general en nostre Cour des Aydes, & le Iay nostre Procureur au Chastellet dudit lieu, Salut. Nous vous auõs par nos lettres de commissiõ du vingtdeuxiesme Nouembre dernier, commis & deputez pour proceder fidellement & en vos cõsciences aux taxes que chacun des marchans Hostelliers, Tauerniers & Cabaretiers, tãt de nostre ville & faux-bourgs de Paris, que de la Prouince de Picardie, & partie de l'isle de France, sont tenus nous paier pour iouir de la permission de vendre & fournir à leurs hostes & autres passans de la viande tant rostie que boullie, ainsi qu'il est porté par nos lettres de declaration pour cest effect expediees, & d'autant qu'en l'execution desdites taxes pourront naistre & arriuer quelques differents & oppositions, dont la cognoissance vous en doit estre attribuee pour l'acceleration de cest affaire, qui tireroit autrement en grande longueur si elles estoient

trai-

traictees & poursuiuies en diuerses Iurisdictions: nostre intention ayant tousiours esté que vous demeuriez seuls Iuges desdites taxes, & de ce qui deppend de l'execution de nosdictes declarations, ce qui neantmoins auroit esté obmis en vostredite commission: A quoy desirans pouruoir, A ceste cause, de l'aduis de nostre Conseil, Nous auons dit & declaré, disons & declarons par ces presentes, en amplifiant & augmentant vostredicte commission, nostre vouloir & intention estre, que tous les differents, proces & oppositions qui pourront naistre & interuenir en consequence de nosdites declarations & des taxes qui seront par vous faictes, en executiõ d'icelles, soient par vous & non autres, iugez, vuidez, & decidez sommairement: vous ayans pour cest effect cõmis & deputez pour en auoir l'entiere Iurisdiction & cognoissance, laquelle nous auõs par ces presentes interdicte & deffenduë, interdisons & deffendons à toutes nos Cours, Iuges & Officiers quelconques, faisans expresses inhibitions & deffences aux parties de se pouruoir ailleurs sur peine de nullité, & d'amẽde arbitraire: Voulans que les sentences & iugements qui seront par vous donnez pour raison de ce que dessus soyent executees, nonobstant oppositions ou appellations quelconques & sans preiudice d'icelles, pour lesquelles ne sera differé par le premier de nos Huissiers ou Sergent sur ce requis, sans estre tenu de prendre ny demander aucun congé, placet, visa ne pareatis: reseruans à nous en nostre Conseil la cognoissance d'icelles priuatiuement à tous autres Iuges, auquel où il se presenteroit aucun empeschement ou difficulté d'importance en l'execution de nosdictes declarations, vous pourrez en faire rapport, pour y estre par nous pourueu ainsi que de raison. De ce faire accomplir & executer vous auons donné & donnons tout pouuoir, authorité & mandement special: mandons & commandons à tous nos Iuges, Iusticiers, Officiers & subiects qu'à vous en ce faisant ils obeissent, prestent & donnent confort & ayde, & prisons si mestier est: Car tel est nostre plaisir, nonobstant quelconques lettres, Edicts, reiglements & choses à ce contraires, Ausquelles & aux derogatoires des derogatoires nous auons derogé & derogeōs par ces presentes. Et pource que d'icelles l'on pourra auoir affaire en plusieurs & diuers lieux, Nous voulons qu'au vidimus collationné par l'vn de nos amez & feaux Conseillers, Notaires & Secrettaires foy soit adioustee comme au present original. Donné à Paris le vingt-sixiesme iour de Iuin l'ã de grace mil six cents quatre. Et de nostre regne le quinziesme. Ainsi signé, par le Roy en son Conseil, Baudouyn. Et seellee du grand seel de cire jaune sur simple queuë.

Commission pour faire la recepte.

HENRY par la grace de Dieu Roy de France & de Nauarre, A nostre cher & bien amé Me. Samuël le Fay Secretaire ordinaire de nostre Chambre, Salut. Comme nous auons recogneu combien l'execution de la declaration faicte par le feu Roy, nostre tres-honoré Sieur & frere, que Dieu absolue, le xv. iour de Decembre, mil cinq cents quatre vingts vn, portant permission aux Hostelliers, Tauerniers & Cabaretiers de nostre Prouince de Picardie, & partie de l'Isle de France, de fournir & bailler à leurs hostes & autres passans de la viande tant rostie que bouillie, selon & ainsi qu'il se faict & obserue par tous les lieux & endroicts de nostre Royaume, est vtile & necessaire pour le bien & commodité de nos subiects, & autres qui voyagent par lesdicts pays & Prouince: Nous aurions par autres nos lettres du vingt-septiesme iour d'Octobre mil six cens deux voulu & ordonné ladicte declaration estre executee & sortir effect, selon sa forme & teneur: Et en ce faisant que les Hostelliers, Tauerniers, & Cabaretiers de ladite Prouince de Picardie & autres lieux puissent iouyr de la permission portee par icelle, en nous payãt pour cest effect la finance moderee, à laquelle à cause de ce ils seront taxez: suiuãt laquelle declaratiõ, & à l'instãte priere & requeste qui nous a esté faicte par les Hosteliers & Cabaretiers de nostre ville de Paris, Nous aurions par autres nos lettres du vintseptiesme iour de Decembre mil six cens vn, voulu & ordonné qu'ils puissent iouyr de semblable permission de vendre & fournir à leurs hostes de la viande, tant rostie que boullie, en nous payant aussi pour cest effect la finãce moderee, à cause de ce ils seront taxez: Pour faire la recepte & recouurement desquels deniers il est besoin d'y commettre personne capable, à nous seure & feable, qui puisse bien soigneusement & diligemment faire la poursuitte & recouurement desdits deniers, Sçauoir faisons, que nous à plain confians de vos perſonnes, loyauté & experience & bonne diligence, Vous auons cõmis, ordonné & deputé, commettons ordonnons & deputtons par ces preſentes pour en vertu de voz quittances qui ſeront controollees par noſtre bien amé Maiſtre Iean de Rougeualet que nous auons auſſi commis à ceſte fin faire la recepte & recouurement des deniers prouenans de ladicte permiſſion accordee auſdits Hoſtelliers, Tauerniers & Cabaretiers, tant de noſtre ville & fauxbourgs de Paris, que de ladicte Prouince de Picardie, & partie de l'Iſle de France : leſquelles vos quictances ainſi controollees, que pour ceſt effect nous auõs validees & authoriſees, validons & authoriſons par ces preſentes tout ainſi que ſi elles eſtoient ſignees & expediees par le Threſorier de nos parties caſuelles, auec la coppie collationnee à l'original de noſdites lettres de declaration par l'vn de nos amez & feaux Conſeillers, Notaires & Secretaires, ſeruirõt pour euiter à fraiz auſdits Hoſtelliers, Tauerniers & Cabaretiers de prouiſion ſuffiſante : pour le droict de laquelle quittance controollee, & coppie de declarations, vous ſera payé par chacun d'iceux Hoſtelliers,

& nonplus : laquelle recepte vous ferez suiuant les roolles & ordonnances qui vous seront baillees & mises és mains par les Commissaires que nous auons commis & deputtez pour l'execution de nosdictes declarations : pour les deniers prouenans de vostredicte commission estre conuertis & employez selon & ainsi qu'il vous sera par nous commandé & ordonné, à la charge de rēdre cōpte de vostredite recepte pardeuāt nos amez & feaux les gens de nos Comptes à Paris, & de bailler caution pardeuant nostre Preuost de Paris ou son Lieutenant Ciuil de la somme de six mil liures : Car tel est nostre plaisir, nonobstant oppositiōs ou appellations quelconques, ny quelques lettres à ce cōtraire. Et pour ce que de ces presentes l'on pourra auoir affaire en plusieurs & diuers lieux, Nous voulons qu'au vidimus d'icelles collationné par l'vn de nos amez & feaux Conseillers, Notaires & Secretaires, foy soit adioustee come au present original.

Donné à Paris le vingt-deuxiesme iour de Nouembre, l'an de grace mil six cents trois. Et de nostre regne le quinziesme.

Ainsi signé, par le Roy en son Conseil,

MELIAND.

Et seellée du grand seel de cire jaune sur simple queuë.

Collationné aux originaux par moy Conseiller, Notaire & Secretaire du Roy, & de ses finances.

www.ingramcontent.com/pod-product-compliance
Ingram Content Group UK Ltd.
Pitfield, Milton Keynes, MK11 3LW, UK
UKHW020223180726
13838UKWH00005B/2149

9 782329 328751